João Pedro Roriz

BULLYING
NÃO QUERO IR PRA ESCOLA!

Ilustrações: Jótah

Dados Internacionais de Catalogação na Publicação (CIP)
(Câmara Brasileira do Livro, SP, Brasil)

Roriz, João Pedro
Bullying não quero ir pra escola! / João Pedro Roriz ; ilustrações
Jótah. – São Paulo : Paulinas, 2013. – (Coleção tipoassim.com)

ISBN 978-85-356-3432-7

1. Bullying - Literatura infantojuvenil I. Jótah. II. Título.
III. Série.

13-04688   CDD-028.5

Índices para catálogo sistemático:
1. Bullying : Literatura infantojuvenil   028.5
2. Bullying : Literatura juvenil   028.5

1ª edição – 2013
9ª reimpressão – 2023

Direção-geral: *Bernadete Boff*
Editora responsável: *Maria Alexandre de Oliveira*
Copidesque: *Ana Cecilia Mari*
Coordenação de revisão: *Marina Mendonça*
Revisão: *Sandra Sinzato*
Gerente de produção: *Felício Calegaro Neto*
Projeto gráfico: *Manuel Rebelato Miramontes*
Diagramação: *Telma Custódio*

*Nenhuma parte desta obra poderá ser reproduzida ou transmitida
por qualquer forma e/ou quaisquer meios (eletrônico ou mecânico,
incluindo fotocópia e gravação) ou arquivada em qualquer sistema ou
banco de dados sem permissão escrita da Editora. Direitos reservados.*

Paulinas
Rua Dona Inácia Uchoa, 62
04110-020 – São Paulo – SP (Brasil)
Tel.: (11) 2125-3500
http://www.paulinas.com.br
editora@paulinas.com.br
Telemarketing e SAC: 0800-7010081
© Pia Sociedade Filhas de São Paulo – São Paulo, 2013

SUMÁRIO

Capítulo 1 5

Capítulo 2 11

Capítulo 3 15

Capítulo 4 24

Capítulo 5 30

Capítulo 6 38

Capítulo 7 48

CAPÍTULO 1

A madrugada mal havia cedido lugar à alvorada, e a mãe de Júnior já gritava indignada:

– Juninho, já raiou o sol! Se não levantar nesse minutinho, vai ter *rock n' roll*.

Na casa ao lado, a mãe de Sara também ordenava:

– Sara, saia debaixo desse lençol!

Júnior e Sara estavam cansados, com o corpo arqueado e o rosto amuado. E, para piorar, continuavam a ser bombardeados:

– Parece até que está surdo!

– Todo dia é esse absurdo!

– Não vai tomar banho?

– Passa pelo menos um perfume!

– Que quarto bagunçado!

– Meu Deus, que curtume!

– Vai ficar aí parado?

– Isso é que dá não comer legumes!

– **Mãe** – gritou Júnior. – **Eu quero torrada!**

– Negativo, garoto, acordasse na hora marcada!

– **Não dá tempo de comer um pão?** – indagou Sara.

– Vai embora, menina, ou chegará atrasada!

Não quero ir pra escola,
não quero ir pra lá!
Escuta o que eu digo,
vou me aposentar!
Tem gente que é boa,
e tem gente que é má.
Mas na minha escola
tem gente que amola,
que entra de sola,
que sempre me torra,
que quer perturbar.

Não sei o que faço,
não sei o que há.
Não posso enfrentar,
tampouco contar.
Meu pai só diria:
— Meu filho é frutinha!
Minha mãe falaria:
— Isso vai passar!

Não quero ir pra escola,
não quero ir pra lá...
Pois todos os dias,
quando eu me levanto,
me olho no espelho
e não sei explicar...

É uma vergonha,
um frio na barriga,
um medo constante de ter que enfrentar...

Aquelas meninas, aqueles meninos
que me azucrinam,
me batem, dominam,
implicam, intimidam,
pois sabem que eu
não vou revidar.

Prefiro a prisão!
Ou outra nação!
Eu vou pra Jamaica
Ou, quem sabe, pra Angola.
Eu vou me mudar!
Não quero ir pra escola!
Não quero ir pra lá.

CAPÍTULO 2

Ao sair de casa, Sara despediu-se de seus pais:

– Tchau, até mais!

– Tchau, minha filha – acenou a mãe de Sara –, não se preocupe com essa espinha na sua cara.

A menina levou a mão ao rosto:

– Ai, não, tenha piedade!

– Isso é comum na sua idade!

– Justamente na boca! – lamentou a menina. – Eu vou dar uma de louca e espremer. Ai, que sina! Aquela ridícula da Zeza, do sétimo ano, não pode me ver, senão ela vai querer me zoar. Por isso que meu avô sempre diz: "É melhor prevenir do que"... Ai!

A espinha inflamou.

– Ai, meu Deus, agora ferrou!

Sara tentou disfarçar o rosto com o cabelo e foi para a escola. Achou que Zeza não daria bola, mas logo viu que estava enganada.

– Oi, Sara. Está atrasada? – indagou Zeza. – Por que tanta pressa? Olha, ali está o menino que lhe interessa. Ficamos sabendo do e-mail que você passou.

Sara nada entendeu:

– E-mail? Eu? Do que você está falando, meu? Endoidou? Vou nessa, Zeza!

Zeza mostrou-lhe um papel:

– Olha aqui na minha mão. Tá assinado por você e diz "Ronaldo, meu benquerer!". Oh, tão meigo, tão cheio de inspiração.

– Você tá maluca! Eu jamais escreveria algo tão mixuruca assim. Olha, estou atrasada. Tem dó de mim.

Zeza passou o papel com o e-mail para Sara. A menina olhou o que estava escrito e ficou indignada:

– Oh, como você é "fantástica"! Entrou na minha conta no laboratório de informática! Zeza, isso não se faz!

Zeza riu e deu continuidade à sua trama:

– Diga ao seu rapaz que o ama. Não deve nem ter dormido essa noite, se revirando na cama em busca de uma resposta! As meninas do sexto ano já estão fazendo até aposta.

– Que aposta? Já disse que não fui eu!

– Ah, mas todo mundo recebeu. Não precisa ficar com vergonha. Todos na escola já estão sabendo, inclusive eu, a Paty, o Glauber e a Tonha.

– Zeza, você sabe muito bem que foi você quem mandou esse e-mail!

– Oh, você tá chateada? Espera então até ser zoada na hora do recreio.

Sara ficou muito magoada e saiu em disparada. A menina estava triste, pois previu que seria mal interpretada. O que diriam os seus colegas, quando vissem aquele e-mail piegas? "Logo eu, que sou tão boa em redação!" – pensou a menina, indignada com a situação.

CAPÍTULO 3

Do lado de fora, Júnior esperava o passar das horas. Ainda **não havia entrado na escola,** mas já pensava em uma maneira de ir embora. Passo a passo, aproximava-se do portão; leve como uma pluma para não chamar muita atenção. **Ia caminhando com medo** e, em segredo, propunha uma reflexão.

Os primeiros homens na Terra eram preparados para a guerra: eram brabos e terríveis, possuíam dentes carnívoros, não eram nada sensíveis!

16

Eu não sou assim.
Sou herbívoro, asmático,
ruim de bola, de gene, do rim...
Tenho artrose, osteoporose,
faço hemodiálise, tenho virose,
espirro à toa e já sangra o nariz.
Ai, como estou infeliz!

Namorar, nem pensar!
As meninas não querem, não sou popular.
Desde a minha infância, só chamo a atenção
quando a mesma ambulância para ali no portão.

A minha carne é fraca,
não apetece a nenhum paladar,
só ao de alguns brutamontes
que vivem a rondar,
com suas facas, seus urros,
seus passos no escuro,
seus braços tão duros,
que me fazem confessar:
que eu estou todo borrado de vir estudar!

17

Eu devia ter dito que estou com enxaqueca,
que a garganta tá seca... que eu vou vomitar.
Enfim, espero que hoje eu possa entrar...
sem ser perseguido, sem ser coibido
do livre-arbítrio, do nobre pensar.

Vamos lá, vamos lá!
A hora é agora, estou no caminho.
Se me olham, desvio! Não posso parar.
Tô perto, tô perto... não posso parar!

Meu pai me falou que, se eu apanhar,
eu tenho que ser macho e, POW, revidar!
"Senão, meu varão, se voltar pra casa ferido,
você está perdido, eu vou te estapear."

Por isso, é melhor eu evitar certas encrencas
e nunca parar.
A escola tá perto, não posso parar.
Tô perto, tô perto... não posso parar!

De repente, Ronaldo passou por Júnior e puxou o seu cachecol. O garoto, então, saiu girando como uma bola de beisebol.

– Olha só quem está aqui! – gritou o valentão. – A mistura de caca com xixi! Então, bonitão, precisa pagar pra passar pelo portão.

Júnior parou de rodar e, com muita falta de ar, disse:

– Preciso do meu cachecol! Vou ficar com rinite e não vai fazer sol. Além do mais, está na Constituição que todo cidadão tem direito de ir e vir, portanto não me irrite e me deixe partir.

– Senão, o quê? – indagou Ronaldo, ameaçador. – Vai dar uma de bailarina e fazer o "pliê"? Cê não tá entendendo, mané! Ou passa a grana, ou pode dar no pé!

Júnior perguntou com a mão no bolso:

– Quanto custa desta vez? Um, dois ou três reais?

– Agora eu tô cobrando mais – respondeu o valentão. – Me dá vinte e eu te deixo em paz.

– O quê? Mas isso é inflação! – protestou Júnior. – Você está aumentando muito o custo da operação. Eu vou contar pra alguém!

– Vai contar pra quem? Eu nunca fiz nada de errado contra ninguém. Eu tenho o que nenhum outro aluno aqui tem. Eu trago prestígio pra escola! Em fevereiro, ganhei mais um campeonato de natação. E ninguém vai querer se desfazer de um campeão.

A turma de Ronaldo estava por ali e riu muito da situação.

— Eu vou contar pros meus pais — ameaçou Junior.

— Pro tio Emílio, pra tia Zumira? Pra quem mais? — indagou Ronaldo, debochado. — Anda, rapaz, conta pra quem você quiser. Isso só vai mostrar pra todo mundo que você é um mané.

— Você conhece os meus pais?

— Sim. Da última vez que você teve diarreia, eles vieram ao colégio e me assistiram da plateia. Seu pai Emílio me abraçou e declarou: "Oh, queria que você fosse o meu filho". Bebendo o seu "refri", ele me disse que você tem inveja de mim. Ai, ai, eu não queria ser tão bom assim!

Ronaldo riu de modo exagerado, e Júnior se sentiu extremamente humilhado.

— Já que você não quer me pagar, vou ter que verificar a sua mochila e confiscar algumas coisinhas.

Ronaldo abriu a mochila do colega e espalhou tudo pelo chão.

— Deixa eu pegar essa bombinha de asma e essa coleção do caça-fantasma! Você é muito nerd!

Júnior respondeu:

– Eu sou *expert* em matemática, coisa que você nunca será.

– Oh, e quem terá o melhor futuro, hein, "rapá"? Enquanto eu rodo o mundo nadando a todo vapor, você no máximo trabalhará como um mísero professor.

Ronaldo deu um tapa na cara de Júnior. Este reclamou:

– Ai, minha sinusite!

– O que você disse?

– Nada!

Ronaldo lhe deu outra bordoada.

– Depois não quer que eu me irrite.

– Ai, que pancada!

Júnior ficou estirado no chão. Ronaldo deu um chute em sua mochila e, de dentro dela, caiu um boneco do Meu Amigãozão.

– Peraí, peraí, o que é isso aqui, "mermão"? – gargalhou Ronaldo, mostrando o boneco para a sua turma.

– Alguém aqui chama pela mamãe e tem medo do escuro!

– Não, não é meu. Eu juro! – disse Júnior. – É um boneco do Meu Amigãozão que eu comprei de aniversário pro meu irmão.

– Ha, ha, ha! **Você é um otário, criança!**

– Não é nada disso, não! Meu irmão é pequeno!

Ronaldo pegou um álbum de figurinhas com a imagem de uma princesa na capa.

– E o que é isso aqui então, meu chapa? – perguntou Ronaldo, maldoso.

– É para a caridade! – tentou explicar Júnior, nervoso. – Eu vou fazer uma boa ação!

– Você é **mulherzinha, mariquinha, bobocão!**

– Não... É só para a próxima lição! Eu e meu grupo faremos uma boa ação. Doaremos álbuns de figurinha para instituição de caridade. A ideia foi da professora Jade.

Ronaldo não acreditou naquela novidade e, cerrando os punhos, disse de modo ameaçador:

– **Mentiroso!** Vai sentir muita dor.

– Não, por favor!

– Ora, você não quer ser um doador? Então, comece doando sangue! **Vai apanhar** hoje de mim e da minha gangue. E nós vamos filmar tudo com o meu celular.

– Não, pelo amor de Deus! – suplicou Júnior. – Eu faço o que você quiser.

– Então passa o dinheiro, seu mané.

Juninho, nervoso, ficou com falta de ar:

– Eu não consigo respirar! Eu estou com asfixia!

Ronaldo sorriu:

– Você diz isso todo dia! Na verdade, o que você precisa mesmo é de um banho de água fria.

Ronaldo derramou um copo de água sobre Júnior e o menino ficou todo molhado. Para piorar a situação, tudo havia sido filmado.

Júnior então não viu outra saída, a não ser pagar para não ficar com a cara cheia de feridas.

– Toma os malditos vinte reais – disse o menino. – Eu não aguento, não aguento mais!

– Parabéns, bela adormecida! – disse Ronaldo, contando a grana com maldade desmedida. – Você foi eleito o principal financiador do nosso clube. Mas não conta isso pra ninguém, hein. Ou eu coloco esse seu vídeo no YouTube.

CAPÍTULO 4

Palco da **violência** e da **discórdia**, a escola entoou o sinal de **misericórdia**. Todos foram para a sala de aula: Júnior, Sara, Rodrigo, Sérgio e Ana Paula. Ronaldo estava por ali e aproveitou para xingar Júnior de mistura de **caca com xixi**. Zeza estava

resolvida: planejava **difamar Sara** e tornar a vida dela mais sofrida.

Ninguém sabia, mas, apesar dos **traumas** e das **feridas**, Júnior e Sara cultivavam um pelo outro uma **paixão proibida**. Olhavam-se e logo em seguida viravam-se assustados. Tinham medo de que **seus agressores** descobrissem que estavam apaixonados.

A professora Jade deu início à lição:

– Bom-dia, turma! Preste bastante atenção! Na natureza existe um equilíbrio constante. O planeta Terra não para um só instante. Veja o caso da cadeia alimentar... **um devora o outro**. E olha onde isso vai parar: a formiga come a planta, o tamanduá come a formiga; o tamanduá tem a jiboia como inimiga, a jiboia é engolida pelo gavião... E o gavião não tem inimigo natural, voa por aí e come até passar mal. É essa a questão! Quem é você nessa história? **A planta, a formiga, o tamanduá, a jiboia ou o gavião?**

Começaram os murmurinhos:

– **Zeza é a cobra!** Volta pro seu ninho!

– **Sara é o tamanduá!** Nariz igual àquele não há!

– **O Júnior é a planta!** Todo molengão...

– Já o **Ronaldo** – disse Júnior – **deve ser o gavião.**

Mais tarde, o sinal tocou, indicando que era hora do recreio. Júnior ficou com um baita receio de ir para o pátio da escola. Entre livros, cadernos, lápis e cola, o menino passou a refletir: lembrou-se da aula da professora Jade e sentiu que valia a pena resistir.

– Ei, espera um pouco. Não é bem assim, não. Quem detona com a planta não é o gavião. O Ronaldo é a formiga. E formiga a gente esmigalha, pisa em cima! Isso significa que acima de todos, do bem e do mal, existe um gavião que pode cuidar desse pobre vegetal! – acabou por ajoelhar. – Oh gavião, gavião, tenha piedade! Me livra de toda a maldade, desta terrível opressão.

A professora estava por ali e, ao ver Júnior rezando, ajoelhado no chão, disse:

– **Ficou maluco**, Júnior? **Tá doidão?!** Ou já está sofrendo por causa do jogo do Coringão? É hoje

que a gente ganha do Flamengo! Na natureza, gavião vence urubu! Você vai amanhã ao Maracanã?

– Hã?

– Vai ser um sururu! – disse a professora animada. – Ei, Flamengo, vai catar bambu!

– Então, a senhora é gavião? – indagou Júnior cheio de esperanças no coração.

– Sim, e da Fiel! Mas nasci mesmo em Ilhéus.

Ronaldo ouviu toda a conversa e mais do que depressa fez um gesto de enforcamento com a mão. Júnior, **ameaçado**, mais uma vez **pôs-se em oração.**

– Estou vendo que você gosta de rezar – disse a professora. – Não vai para o recreio lanchar?

– Está sol lá fora – disse Júnior disfarçando. – Acho que não vou mais embora.

A professora gostou do que ouviu:

– Ah, vai ficar e estudar História do Brasil? Que bom, pois eu já ia mesmo falar sobre isso. Você parece encantado por algum feitiço! Suas notas estão ruins. E não adianta colocar a culpa no mau funcionamento dos seus rins.

– **É o Ronaldo!** – disse Júnior.

– No Corinthians ele até que deu um caldo. Agora está aposentado, não é mais aquele jogador. Mas por favor... daí a tirar notas ruins! Nada disso é necessário!

– Não, professora! Não estou falando do Nazário! – apontou para a janela. – Estou falando daquele otário que sempre me bate no portão.

A professora olhou pela janela e não encontrou ninguém.

– Quem?

– O Ronaldo, o garoto que faz natação!

– O quê? – indagou a professora totalmente cética. – Você está falando do nosso campeão? Oh, não! Deve haver um mal-entendido.

– Professora, ele é um bandido e hoje tentou me roubar!

– Ora, venha se sentar. Ronaldo, por favor, venha cá!

– Não, pelo amor de Deus, não faça isso! Senão, eu tô perdido!

– Ora, deve haver um mal-entendido. Vamos esclarecer! Vocês são quase adultos, precisam se entender... Ronaldo, vem cá!

–Ai, meu Deus, eu vou me ferrar!

31

Enquanto isso, durante o recreio, Sara aproveitava o tempo livre para abrir o notebook e checar os e-mails. Logo percebeu que estava em uma nova enrascada:

– O que é isso?! **Eu tô ferrada!** Colocaram meu rosto na foto de uma mulher pelada?!

Sara olhou um site da internet e quase engoliu o chiclete:

– Ai, meu Deus, botaram essa montagem num perfil. E olha só como repercutiu! **Sara estava quase chorando,** quando **Zeza se aproximou zombando:**

– Sara, estou sabendo do seu sucesso. Agora você vai arrumar um namorado expresso. Um grande plano, vai, admite!

– Zeza, **você passou dos limites!** – gritou Sara, furiosa.

– Ai, **que menina nervosa!** Só estou tentando te arrumar um namorado. No seu caso, é bem complicado. É assim que você me agradece? Ai, que **estresse!**

– Zeza, **vê se cresce e para de me azucrinar!**

– É isso que você pretende fazer na hora de beijar? Chorar?

– Por que você quer me deixar irritada?

– Ah, não se faça de coitada! É só uma brincadeira. Quem manda você não se enturmar? Que besteira!

– Mas isso é maldade!

Zeza mostrou a sua verdadeira identidade:

– Quem mandou ter essa carinha de bondade? Eu sei que no fundo é tudo hipocrisia. Saiba que essa escola era bem melhor quando você não existia! Você tem que aprender que a vida não foi feita pra gente fraca; foi feita pra quem gosta de vencer!

– Ah, então eu tenho que ser igual a você?

– Impossível, querida – riu Zeza. – E, dessa forma, você me deixa sem saída. Não vai ter remédio: você vai sofrer até deixar esse colégio!

– Não acredito que você vai continuar com esse **assédio**.

– Bom... no mural da escola está a cópia do seu atestado médico.

– **Que atestado?**

– Aquele que fala do seu estado... Você não está com uma pereba na boquinha?

Sara ficou indignada:

– **Isso é uma espinha!**

– Ah, mas não é o que está escrito no documento. Ai, que sofrimento! Que menino vai querer beijá-la com pereba no lábio? Talvez o Vanduíu ou o Olávio.

– Você daria uma ótima escritora, Zeza. Por que não usa sua imaginação para **fazer o bem?**

– Quem é você pra me dar lição de moral? Logo, logo a sua máscara vai cair, você vai explodir e se dar mal!

– **Pode me testar...** – disse Sara colocando as mãos nos ombros. – Deus não dá a uma pessoa um **fardo maior** do que ela possa suportar.

– Ih, virou crente agora? Olha, tá passando da minha hora, preciso ir embora.

O celular de Sara tocou e a menina, chorando, atendeu:

– Alô, pai! Como vai? Sim, sou eu... Você quer saber o que aconteceu?! Nada...

Zeza deu uma gargalhada.

– Eu estou estudando – continuou Sara. – Como é que é? Você está voltando para o Brasil? Ah, não, você viu o meu perfil?!

Zeza riu.

– Pai, não é o que você está pensando, eu juro – disse Sara. – Mas eu ia mesmo te ligar... Estou passando por apuros, você vai ter que me ajudar. Aquele perfil foi invenção de alguém que não quer o meu bem. O quê? Você está vindo pra cá? Ótimo, pai, uma advogada vem bem a calhar.

– Advogada? – indagou Zeza, preocupada. – O que é isso, alguma piada?

– Que nada – respondeu Sara. – Injúria é crime e você pode ser condenada. Meu pai está possesso e disse que todos serão arrolados no processo, inclusive a escola, o site de relacionamento e todos os colegas que escreveram no perfil aqueles depoimentos. Meu pai me disse que esses comentários são uma espécie de confessionário. A verdade está aqui, nua e crua... e será tudo culpa sua! Não preciso de mais prova!

Zeza deu de ombros:

– Eu deleto essa página, e no lugar dela faço uma nova.

Sara apertou a tecla *print screem* e, rindo, disse:

– Ah, eu não sabia que a tecnologia era tão boa assim. Pronto, estou salvando todas as informações... – voltou a falar no telefone. – O quê, pai? Não, eu não tenho a música **"Emoções"** – voltou-se para Zeza. – Meu pai é fã do Roberto Carlos!

Zeza, assustada, disse:

– Você está blefando...

Sara voltou a falar com o pai:

– Repete o nome da advogada! Vanda? De quê? Arnalda? Vanda Arnalda? E a conta dela não vai ficar salgada? Ah, o quê? Quem paga as custas é o agressor? Ah, a Justiça é mesmo um primor!

Zeza se desesperou:

– Peraí! Se eu **perder a causa**, sou eu que pago a sua advogada?

– Sim – respondeu Sara. – E a **conta** vai ficar **salgada!**

Zeza sorriu amarelo e fez papel de amiguinha:

– E se eu apagar agorinha, na sua frente, a página que eu criei?

– Não sei... – respondeu Sara. – Meu pai tá explicando que, se eu ganhar, talvez seus pais tenham que pagar uma alta grana por danos morais.

Zeza tentou ajeitar as coisas:

– E se eu mandar um e-mail pra geral, dizendo que **eu sou a culpada** de tudo, *et cetera* e tal?

– Aí, não sei... – disse Sara, dona da situação. – Ainda tem o tal documento... que lamento, que problemão! Zeza, **o seu crime foi grave**, digno de encarceramento, **digno de prisão!**

– O documento não era de verdade – assumiu Zeza. – Foi só **um blefe** que eu usei por **pura maldade.** Eu queria saber como você reagiria, mas agora juro que não faço mais essa selvageria.

Sara parou um pouco e pensou:

– Hum... Vou ver o que eu posso fazer – voltou a sua atenção para o telefone. – Pai, ainda dá tempo da minha colega corrigir o erro, ou eu já posso providenciar o enterro?

Zeza ficou na torcida. Sara desligou o telefone e disse em seguida:

– Meu pai topou, mas com uma condição! Que você desfaça agora mesmo todo o mal que me fez e que pare de me atazanar de uma vez!

Zeza correu para a frente do notebook:

– Topado, topado! Vou desfazer tudo o que eu fiz de errado.

CAPÍTULO 6

Perto dali, a professora Jade buscava a verdade sobre a acusação que Júnior fizera sobre o roubo no portão.

– Então, meninos, todo mundo vai ficar mudo?

Ronaldo quebrou o silêncio:

– Professora, isso é um absurdo! Todos sabem que o Júnior inventa essas histórias por pura inveja das minhas vitórias.

–Júnior – perguntou a professora –, isso é verdade?

– Não, não tenho inveja de quem comete crueldade – respondeu o garoto atormentado.

Ronaldo continuou dissimulado:

– Júnior, eu te perdoo. Já te disse que posso te ensinar natação. Fique do meu lado e será um campeão. A nossa amizade não precisa acabar assim, não!

– Professora, eu não posso nadar – disse Júnior. – Tenho um **pulmão ruim**, sofro de **pedras no rim**, quase não dá nem pra andar. Tenho uma **saúde frágil**, e é claro que eu gostaria de ser mais ágil, saudável... Sim, a minha **saúde** está **por um triz**, mas mesmo assim eu **sou feliz**! Sou mais magro que o normal, tenho **fobia de gente**, dizem que eu sou sem sal. A única vez que uma garota quis me beijar, eu passei mal e vomitei em cima dela e ela começou a chorar. O que eu não faria para ser um campeão, entrar na piscina, fazer musculação... Mas eu não sou assim! Deus me fez desse jeito, e **eu gosto de mim** assim. Não invejo o corpo de ninguém, pois sei que o meu corpo é bonito também. Tenho cinco dedos em cada mão, tenho sangue nas veias e um **bom coração.** Quero ser professor, sou bom em matemática, em análise sintática... e é para isso que eu dou valor! Minhas notas são altas... eu quase não tenho nenhuma falta! Me diga, professora, a senhora que é uma doutora, se estivesse no meu lugar, teria inveja a ponto de inventar uma história tão ruim?

– Sim, Júnior, acredito que sim – respondeu a mestra, depois daquele monólogo sem fim. – Pelo visto, o Ronaldo não quer o seu mal e acredito que vocês possam ser muito amigos afinal. Vou buscar um copo d'água. Fiquem aqui e resolvam essa mágoa.

Júnior sentiu que ia passar mal de tanto medo. De repente, sentiu o dedo do Ronaldo dentro do seu nariz:

– Escuta aqui, oh infeliz, o que eu faço com você? Eu falei pra não meter os professores nisso! O que preciso fazer pra você entender?! Eu vou lhe dar um sumiço! Sim, campeão, vamos começar com a sua primeira aula de natação: eu te afogo devagarzinho e só depois, no finzinho, eu te deixo respirar. Daí, vamos ver como você vai se comportar daqui por diante. Não! Espera um instante! Vou quebrar seus dentes e transformar você num homem decente! Seu fracote! Vou te dar um sacode, quando sairmos daqui, sua mistura de caca com xixi.

A professora chegou e indagou:

– Então, rapazes, já fizeram as pazes?

– Já, professora – disse Ronaldo se fazendo de bonzinho. – Não se incomoda, não! Eu vou dar ao Juninho uma ótima lição de natação!

– Ai, que bom! – disse a professora. – Vou embora então! Afinal, não tenho a manhã inteira.

Júnior deu um pulo da carteira:

– Natação!!! Sim, professora, o Ronaldo está me ensinando a nadar. Basta olhar a primeira lição que ele gravou no celular.

A professora pegou o celular de Ronaldo e disse com orgulho:

– Jura, Ronaldo? Você ensinou para ele aquele mergulho? Deixa eu dar uma olhada.

Ronaldo tentou impedir, mas **a professora começou a assistir aos vídeos** do celular e ficou consternada:

– Ronaldo! – **disse a professora horrorizada**, ao assistir às imagens gravadas. – **Eu não sabia que você era tão cruel!**

Ronaldo rosnou e gritou:

– Júnior, você vai pro mausoléu! **Eu vou te matar!**

Júnior saiu correndo:

– Mas antes você vai ter que me pegar!

A professora tentou contê-los:

– Meninos, o que vocês vão fazer?

Ronaldo gritou:

– Eu vou te estrangular, Júnior! Você vai se arrepender!

– Mas estrangular não está no regulamento! – disse a professora, tentando segurar os meninos. – Inspetor, inspetor! Ai, meu Deus, me deem um tempo! Vamos respirar, levantar as mãos e começar a cantar. "Quando eu tenho medo, logo digo assim: Deus é meu amigo, Deus cuida de mim." Aí, vocês não vão parar?

– Ai, hoje eu morro! Alguém me ajuda! Socorro! – gritou Júnior.

A professora agarrou a sua medalinha de São Sebastião e, não vendo outra solução, disse:

– Meu santinho querido do coração, é nessas horas que todo professor tem que tomar uma decisão: deixar de lado a pedagogia e partir logo pra coerção!

Com firmeza, a professora deu um **murro na mesa**, quebrando-a ao meio. O barulho foi tão alto, que chamou a atenção de quem estava no recreio. Jade, possuída pela irritação, gritou mais alto que um trovão:

– **Cala a boca,** para com essa correria e "vamprestartenção"!

Os dois pararam atônitos.

– Eu não quero ouvir mais nenhum pio – disse a professora.

Os dois tentaram se justificar, mas ela não deixou ninguém falar:

– Psiu! – advertiu a professora – Eu também **sei ser megera!** Se continuarem a brigar, vão ficar de **castigo até a primavera!**

Com uma força titânica, a professora colocou os dois sentados, depois passou a mão no cabelo e arrumou o penteado.

– Ronaldo, não preciso nem dizer que seu comportamento está errado. **Você não é mais criança!** Todo agressor pode amanhã ser vítima de vingança. Esse tipo de situação não acaba bem. Você não é melhor nem pior do que ninguém! Júnior, vá para casa e **durma em paz.** Amanhã será um novo dia pra você, meu rapaz! Traga a sua mãe com você.

Teremos uma boa conversa e tudo vai se resolver. Mas, primeiro, peça para o Ronaldo devolver o seu dinheiro. E vamos logo com isso, pois eu não tenho o dia inteiro!

Ronaldo viu que a coisa estava feia para o seu lado e, preocupado, devolveu os vinte reais roubados. Júnior olhou para a professora e respirou aliviado:

– Obrigadão! A senhora é mesmo um gavião.

Ronaldo tentou sair de fininho:

– Bom, tá ficando tarde, acho que vou seguir o meu caminho.

Mas a professora o catou pelo colarinho:

– Por que essa pressa? Com você a coisa vai ser demorada à beça! Vou conversar com a sua mãe agora, e nem pense em ir embora.

– A senhora vai me delatar? – indagou o rapaz.

– Vamos conversar – disse a professora, demonstrando autoridade. – O senhor só será liberado mais tarde, quando a sua mãe chegar. E saiba que só competirá novamente depois que **pedir desculpas** ao Júnior **publicamente** pelo mal que cometeu. Além de tudo, amigo meu, terá que criar um grêmio estudantil e fazer uma campanha contra o *bullying* no Brasil. Não quer ser atleta? Então, a partir de hoje terá que fazer a coisa certa!

CAPÍTULO 7

Na semana seguinte, Júnior e Sara chegaram à escola e deram de cara com uma baita confusão: os tocadores de viola, os curiosos de plantão, os meninos do futebol, os viciados em *rock n' roll*,

os artistas, os baladeiros, os sorveteiros, os surfistas, os motoqueiros, os pernas de pau, as góticas, os skatistas e a galera do segundo grau se amontoavam na frente do portão. No meio do povo, Ronaldo e Zeza usavam cartazes para divulgar uma peça sobre *bullying* e faziam uma coreografia que chamava a atenção:

– Abaixo, abaixo, abaixo a coerção! No peito de um *nerd* também bate um coração!

Sara puxou assunto com Júnior:

– Eu soube que o Ronaldo foi aclamado o pacifista do ano! Que estranho!

– Sim – respondeu o garoto. – E agora, graças à professora Jade, ele está trabalhando em prol da sociedade! E a Zeza? Soube que ela está te tratando com mais simpatia.

– Sim, graças a meu pai, ela recebeu uma lição de cidadania.

– Mas o seu pai não é soldado? Não foi trabalhar no Haiti

no mês passado? – indagou o menino confuso. – Era mesmo seu pai ao telefone? Ele queria mesmo contratar um advogado?

– Não, era só um pobre coitado **passando trote**. Eu tive muita sorte... Aproveitei o meu conhecimento na área de Direito para pegar a Zeza de jeito. Ela caiu feito uma patinha!

– Tadinha... – disse Júnior rindo. – Vamos pegar um cinema?

– Não – respondeu Sara. – Precisamos estudar fonema.

– Ah, vamos?! Eu juro que não vou vomitar, se você tentar me beijar de novo.

– Hum... Acho bom! Pois aquilo foi um nojo!

Júnior e Sara, muito **tímidos**, deram as mãos e, **felizes**, passaram pelo portão. **Deixaram para** trás o passado de opressão, enquanto Ronaldo e Zeza repetiam o seu bordão:

– Il, il, il, queremos que o *bullying* se acabe no Brasil! Il, il, il, il, queremos que o *bullying* se acabe no Brasil!

Oba!
Já quero ir pra escola,
mal posso esperar,
pra ver meus amigos,
pra rir e agitar.

Marcar um cinema,
ou um jogo de bola.
Não sofro agora,
já posso cantar.

Fazer "trá-lá-lá",
sem ter que ouvir
que sou uma mistura
de caca com xixi.

Pois isso é passado,
é copo entornado,
é sonho agitado,
melhor não lembrar.
Já quero ir pra escola,
já posso ir pra lá!

Dar beijo roubado
no meio da testa.
Marcar uma festa,
viver e estudar!

Cursar matemática,
análise sintática,
inglês, informática,
português, literatura.

54

Ter muita cultura,

gostar de leitura

e um dia, afinal,

se lembrar dessa fase

com muita saudade;

da tenra idade,

de um tempo legal.

Já quero ir pra escola,

já posso ir pra lá!

Eu corro depressa,

não vou me atrasar!

Pois já quero ir pra escola,

já posso ir pra lá!

ABAIXO
O
BULLYING

Rua Dona Inácia Uchoa, 62
04110-020 – São Paulo – SP (Brasil)
Tel.: (11) 2125-3500
http://www.paulinas.com.br – editora@paulinas.com.br
Telemarketing e SAC: 0800-7010081